Wolfgang Schimmelpfennig

Drachen

Einfache Modelle für Kinder

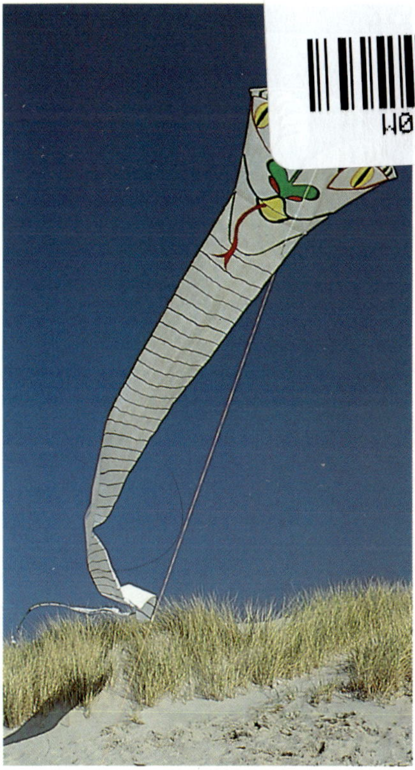

FALKEN

INHALT

Dieses Büchlein ist Sarah-Denise gewidmet

VORWORT

Der Faszination eines phantasievoll gestalteten, vom Wind getragenen Drachens am freien Himmel kann sich so leicht keiner entziehen. Auch mein Interesse wurde geweckt, und meine Kindheit tauchte wieder vor mir auf, als ich vor einigen Jahren auf der dänischen Nordseeinsel Fanø einen kleinen Jungen mit einem lenkbaren Drachen beobachtete.

Drachen kann man zu allen Jahreszeiten steigen lassen, nicht nur im Herbst

Wenn zur Herbstzeit die ersten Drachen am Himmel standen, konnte ich es als Kind kaum erwarten, aus Leisten, Pergaminpapier, Klebstoff und Leinen einen Malay-Drachen zu bauen, um ihn mit Freunden steigen zu lassen.
Die Freude von damals erlebe ich heute als Erwachsener wieder. Aber nicht nur ich habe das alte Hobby neu entdeckt. Heute findet das Bauen und Steigenlassen von Drachen immer mehr Anhänger, und das nicht nur zur Herbstzeit. Denn „Drachenzeit" ist das ganze Jahr über.
Für die kleinen und großen Freunde des Drachenbaus ist dieses Büchlein gedacht. Vorgestellt werden klassische Drachenmodelle, die mit einiger Übung als Basis für schwierigere Modelle gelten können. Aber bevor Sie mit dem Nachbauen beginnen: Lesen Sie die Bauanleitungen der einzelnen Drachen bis zum Ende durch. Wichtige Hinweise finden Sie auch auf dem beiliegenden Vorlagebogen, auf den immer wieder verwiesen wird. Die aufgeführten Materialien sind in Hobby- und Heimwerkerläden zu erhalten. Allerdings gibt es mittlerweile schon recht viele Drachenläden.

MATERIAL FÜR DAS DRACHENGERÜST

Beim Spalten von Bambus können kleine Splitter leicht in die Haut eindringen

Ein stabil fliegender Drachen nimmt unter Winddruck V-Form an. Für gute Flugeigenschaften ist die Wahl des Gerüstmaterials von Bedeutung. So sind bei Flachdrachen wie dem Malay Stäbe aus **Raminholz** bestens geeignet. Für den Bau eines Kastendrachens sollten runde oder viereckige Buchenholzstäbe genommen werden. Bei diesem Drachentyp wird keine Verformung unter Winddruck gewünscht.

Ein besonders leistungsfähiges Material mit geringem Gewicht ist **Bambus**. Muß Bambusrohr gespalten werden, sollte es mindestens 2 cm stark sein. Es wird zunächst zweimal kreuzweise mit einem Messer gespalten. An den Knotenpunkten muß leichter Führungsdruck ausgeübt werden. Die so entstandenen Viertelteile werden noch einmal gespalten. Ein Drachen wie der Malay kann natürlich auch aus einer Kombination von Raminholz und Bambus hergestellt werden: für den stark beanspruchten Querholm nimmt man Bambus, für den Längsholm Raminholz.

Die Puk-Säge eignet sich zum Trennen von Hölzern, die Feile zum Entgraten und Glätten. Das Messer wird zum Anspitzen von Holzenden und zum Spalten von Bambus verwendet. Mit dem Lineal wird die Länge der Leisten festgelegt

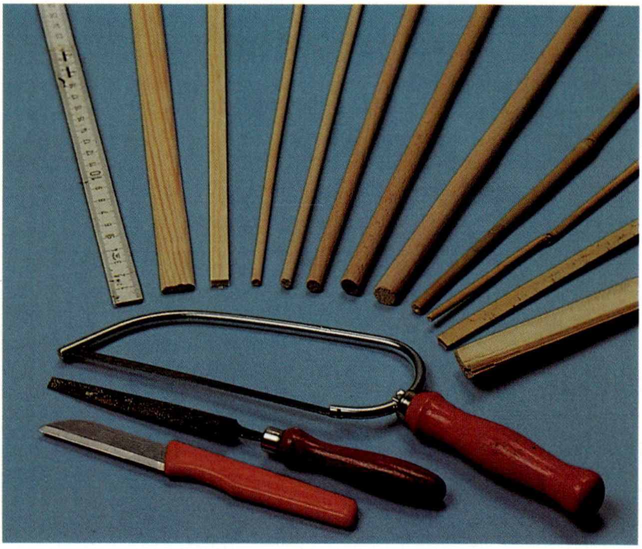

MATERIAL FÜR DAS DRACHENSEGEL

Pergaminpapier ist ein leichtes, preiswertes Material und läßt sich gut zum Drachenbauen verwenden. Zum Kleben des Papiers kann **Pritt Bastelkleister** genommen werden. Von Nachteil ist allerdings die ausgesprochen geringe Reißfestigkeit.
Plastikfolie, die es in verschiedenen Stärken gibt, hat eine höhere Festigkeit. Als Bespannmaterial für Drachen eignen sich sehr gut Müllsäcke oder Einkaufstüten, allerdings müssen alle Ecken und Kanten mit transparentem Klebeband verstärkt werden. Bemalen läßt sich Plastikfolie mit wasserfesten Filzschreibern.
Ein praktisches, papierähnliches (aber schwereres) Bespannmaterial für Drachen ist Tyvek: ein reißfestes Material aus Polyethylen mit gewebeartiger Struktur, das mit einem Kunststoffkleber, z.B. **Pattex transparent**, verklebt werden muß. Zum Bemalen nimmt man wasserlösliche Acrylfarbe. Tyvek ist in Hobby-, Bastel- oder Drachenläden erhältlich. Der Preis beträgt ungefähr DM 7,— für 1,5 m^2.

Besonders gut für den Drachenbau geeignet ist Tyvek, ein sehr reißfestes, formbeständiges Material

Pergaminpapier mit der Schere schneiden, mit Pritt Bastelkleister kleben. Ecken und Leinendurchführungen mit transparentem Klebeband verstärken. Plastikfolie und Verstärkungen mit transparentem Klebeband kleben. Tyvek mit der Schere schneiden und mit Pattex transparent kleben. Verstärkungen aus dem gleichen Material aufkleben

DRACHENZUBEHÖR

Die Leine wird mit einem fachmännischen Knoten (siehe Vorlagebogen) befestigt. Das abgeschnittene Ende wird durch Anschmelzen mit dem Feuerzeug versiegelt

Die einfachste Methode, Gerüststäbe zu verbinden, ist das kreuzweise Abbinden mit einer Schnur (siehe dazu S. 10).
Die effektive Kreuzverbindung mit dem O-Ring, wie auf dem Vorlagebogen abgebildet, läßt sich wieder lösen.
Mit Hilfe eines Plastikschlauches lassen sich T-Verbindungen herstellen (siehe S. 22). Schläuche mit verschiedenem Innendurchmesser sind in Heimwerkermärkten erhältlich. Der Innendurchmesser soll der Stärke des Gerüststabes entsprechen.
Für manche Drachen mit V-Wölbung — wie für den Malay — kann ein zu einem V gebogenes Aluminiumrohr als Verbindungsteil genommen werden.
Die Drachenleine ist ein wichtiges Zubehör; zu beachten ist besonders die Bruchlast. Am besten haben sich Schnüre aus Nylon bewährt, auch preiswerte Maurerschnüre eignen sich für alle in diesem Buch vorgestellten Drachen. Drachenleine und Waage werden durch einen Wirbel mit Karabiner verbunden (siehe Vorlagebogen). Niemals sollten Sie die Leine direkt an die Waage des Drachens knoten.

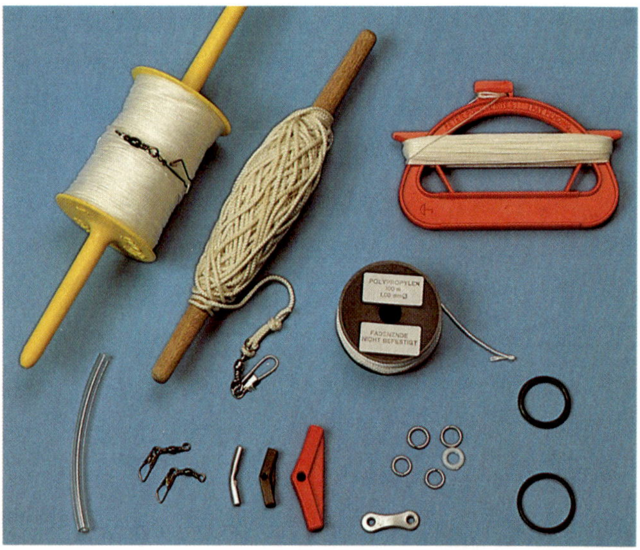

Plastikschlauch zum Verbinden von Rundhölzern, Wirbel mit Karabiner (gibt es in Angelgeschäften), Aluwinkel und Kunststoffteile für V-Kreuzverbindungen, Ringe und Schnurspanner (siehe Vorlagebogen), O-Ringe für Kreuzverbindungen, Nylonschnüre, Stabhaspel, Lenkdrachenhaspel

DRACHENSEGEL

Nach dem Bau des Drachens kann mit der Gestaltung des Segels begonnen werden — ein farbig gestalteter Drachen wirkt auch an einem bewölkten Himmel. Das Muster sollten Sie aber zuerst auf einem Stück Papier entwerfen (siehe auch Vorlagebogen). Für Drachen aus Pergamin gilt: Es können verschiedene farbige Teile zusammengeklebt werden, die sich etwa 1,5 cm überlappen sollten. Anschließend wird damit das Gerüst bespannt.
Eine zweite Möglichkeit ist das Applizieren von Papierteilen auf das bereits bespannte Drachensegel. Die ausgeschnittenen Papierteile klebt man auf das Segel, und das dahinter liegende Papier wird mit der Schere entfernt (siehe Malay, S. 8). Auch hier sollte eine Überlappung von 1,5 cm bleiben.
Plastikfolie kann man mit wasserfesten Filzstiften farbig gestalten.
Tyvek läßt sich mit wasserlöslichen Acrylfarben bemalen, aber auch wasserfeste Filzstifte und Seidenmalfarben sind geeignet. Auf das bespannte Drachengerüst wird mit Bleistift ein Muster vorgezeichnet, dessen Flächen anschließend mit Farben ausgefüllt werden.

Beim farbigen Gestalten eines Drachens sind der Phantasie keine Grenzen gesetzt

Wasserlösliche Acrylfarbe läßt sich mischen, so daß viele Farbtöne erzielt werden können. Da ein Drachen hoch am Himmel fliegt, sollten die Konturen dunkel abgesetzt sein. Solange Acrylfarbe feucht ist, kann man sie verdünnen, Flecken können entfernt werden

MALAY

Der Malay hat ausgezeichnete Flugeigenschaften und läßt sich auch von Kindern leicht nachbauen

Dieser Drachen, der sich bei uns größter Beliebtheit erfreut, stammt ursprünglich aus Malaysia, was in seinem Namen bereits anklingt. Seine ausgezeichneten Flugeigenschaften bei schwachen und starken Winden machen diesen Oldtimer so populär. Er kann auch problemlos von Kindern nachgebaut werden. Mit dem Malay lassen sich viele Drachenspiele durchführen. Besonders der Drachenkampf (siehe S. 31) ist ein Beispiel für diesen mit und ohne Schwanz fliegenden Drachen.

Das Segel des Malay sollte unbedingt farbig gestaltet werden. Die große Fläche des Drachens bietet dazu viele Möglichkeiten

Bevor Sie mit dem Zusammenbau des Drachens beginnen, bitte die Bauanleitung bis zu Ende lesen.
Erst wenn das Material vollständig vorhanden ist, beginnt man mit dem Zusammenfügen des Gerüstes.
Der hier vorgestellte Drachen ist für leichte bis mäßige Winde ausgelegt. Wer einen Malay für frische Winde bevorzugt, nimmt als Gerüst Raminrundholz von 8 mm Durchmesser und als Bespannung Tyvek.

Baumaterial

* 2 abgerundete Kiefernleisten, 1 m lang, 4 x 13 mm (oder Rechteckleisten, 5 x 10 mm)
* 2 Bögen Pergaminpapier
* Pritt Alleskleber
* Drachenschnur, 1 mm ∅
* 1 Schlüsselring, 12 mm ∅

Das Gerüst sollte erst dann zusammengefügt werden, wenn das gesamte Material vorhanden ist

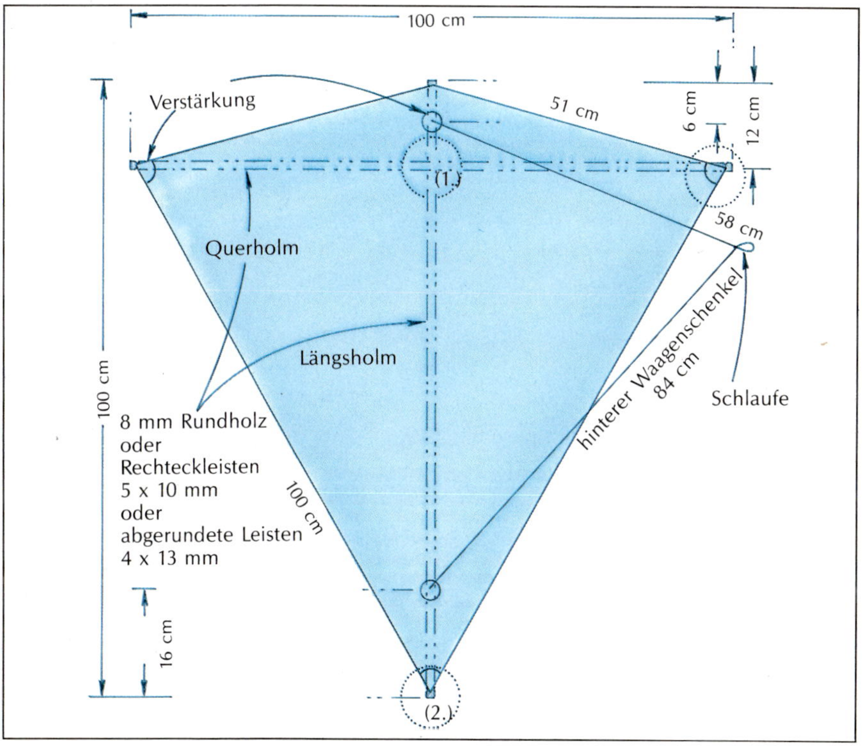

(1.)

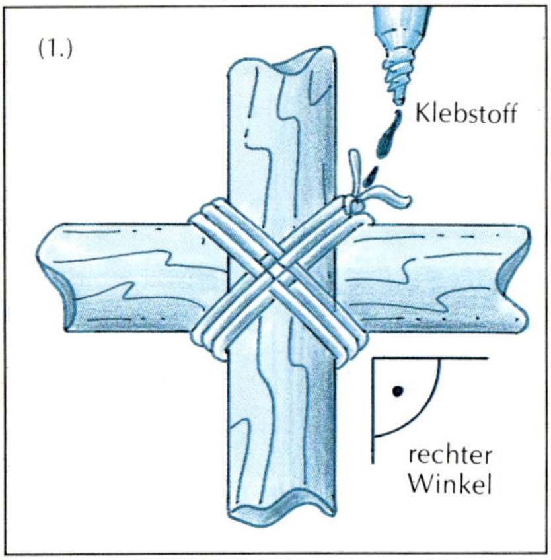

(2.)

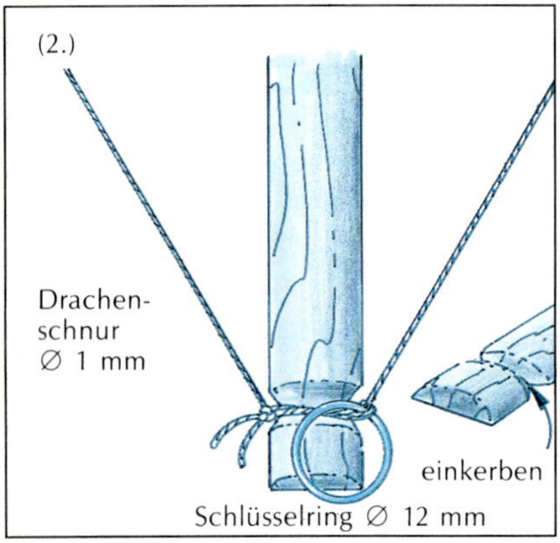

(3.)

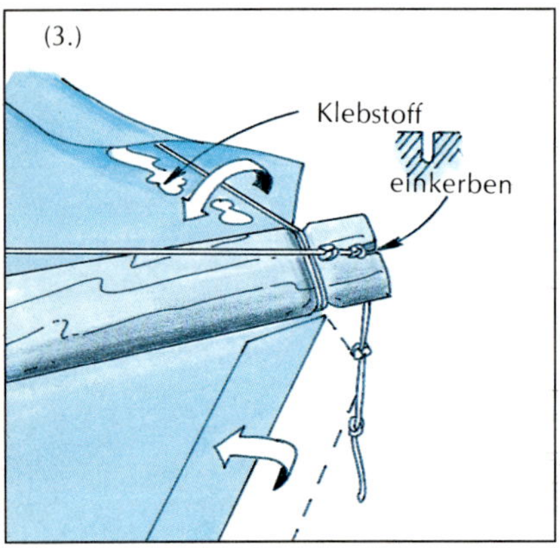

Bauanleitung

Beginnen Sie mit dem Zuschnitt der zwei Gerüststäbe von je 1 m Länge. Nach dem Zuschnitt werden die Enden mit der Feile entgratet. Als nächstes markieren Sie den Kreuzpunkt und die beiden Punkte, an denen die Waage geknotet wird. Ermitteln Sie den Mittelpunkt des Querholms durch Ausbalancieren auf dem Zeigefinger. Der Längsholm wird 12 cm von einem Ende markiert (Kreuzpunkte).

Die beiden Waagebefestigungspunkte befinden sich am Längsholm (6 cm von oben und 16 cm von unten entfernt). Legen Sie Längs- und Querholm an den Kreuzpunkten zusammen (mit Daumen und Zeigefinger zusammenhalten). Mit einer stramm gewickelten Kreuzabbindung werden die beiden Stäbe zusammengehalten. Den Knoten mit Klebstoff sichern (1.).

Als nächstes kerben Sie die vier Enden der Stäbe mit einem Messer oder einer Säge 2 mm tief ein.

Das Drachengerüst wird nun mit der Schnur umspannt, die etwa 4 m lang sein sollte. Befestigen Sie die Mitte der Schnur am Kopfteil des Drachens, gehen Sie von dort aus links und rechts an das Gerüst. Die beiden Schnüre enden am Fußteil des Drachens (2.).

Achtung: Das Gerüst muß dabei unbedingt rechtwinklig bleiben, was Sie mit einem 90-Grad-Winkel kontrollieren können.

Am Fußteil wird außerdem der Schlüsselring eingeknotet. Legen Sie einen ausreichend großen Pergaminbogen (evtl. zwei zusammenkleben) auf den Boden. Das umspannte Gerüst darauflegen und beschweren. Mit dem Gerüst als Schablone wird das Drachensegel zugeschnitten. Dabei 2 cm Zugabe als Klebesaum berücksichtigen.

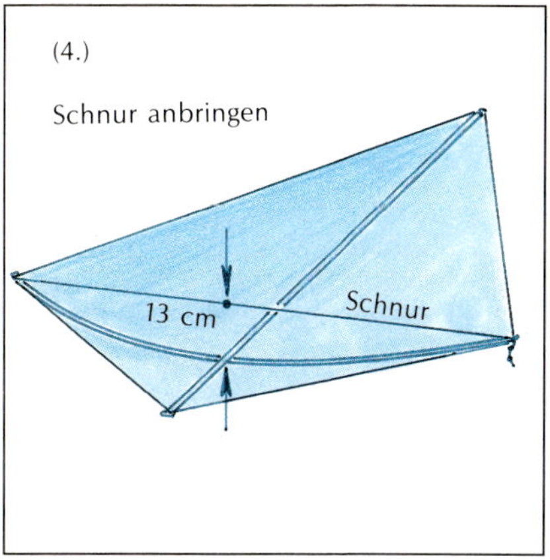

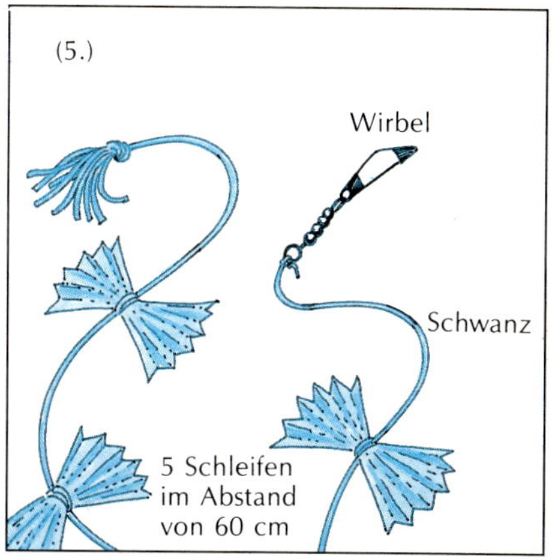

Bestreichen Sie den Klebesaum mit Pritt-Stift oder Pritt Bastelkleber. Den Saum als nächstes um die Schnur des Gerüstes kleben (3.).
Wer möchte, kann jetzt das fertige Segel mit einem lustigen Gesicht dekorieren (siehe dazu Seite 7 und den Vorlagebogen). Achten Sie darauf, daß dunkle Farben auf einen hellen Hintergrund geklebt werden sollten. Auf diese Weise heben sich Konturen besser ab.
Kleben Sie als nächstes etwa 5 cm große Verstärkungsteile aus Pergamin auf die Eckpunkte und auf die Punkte, an denen später die Waage durchgeführt wird.
Das Drachensegel wird an diesen Stellen mit einer Schere durchbohrt.
Die Waage wird aus einem Stück Schnur hergestellt. Nehmen Sie ein 180 cm langes Stück Schnur, und knoten Sie im Abstand von 84 cm von einem Ende eine Schlaufe. Die beiden Enden der Schnur werden durch die Bespannung geführt und am Längsholm festgeknotet.
Entnehmen Sie die Längen der Waageschenkel der Rißzeichnung.

Sehr praktisch ist das Einstellen der Waage mit einem Schlüsselring. In diesem Fall wird statt der Schlaufe ein kleiner Ring mit 15 mm Durchmesser mit einer Schlaufe in der Waage befestigt (siehe Vorlagebogen).
Damit der Drachen stabil fliegt, muß er V-förmig gebogen werden. Diese V-Form erreicht man durch Spannen des Querholms mit einer 1 mm dicken Schnur. Knoten Sie ein Ende der Schnur an einem Ende des Querholms fest. Das andere Ende des Querholms wird mit einem Messer oder einer Säge eingekerbt. Die Durchbiegung des Querholms soll in der Mitte etwa 13 cm betragen. Mit drei Knoten kann die Durchbiegung des Querholms variiert werden. Die Knoten halten die Spannschnur in der Kerbe (4.).
Der Malay ist jetzt fertig zum Flug. Bei unruhigem Wind kann der Drachen mit einem Schwanz geflogen werden: Knoten Sie einige Schleifen in eine 3 m lange Schnur. Der Schwanz wird mit einem Wirbel am Fußteil des Drachens (Ring) befestigt (5.). Der Ring verhindert das Aufdrehen des Schwanzes.

SCHLITTENDRACHEN

Dieser Drachen eignet sich gut zum Basteln mit Kindern. Er kann in kurzer Zeit gebaut werden

Frank Scott, ein Amerikaner, baute 1964 zum ersten Mal den Sled (Schlitten). Gegenüber seinen Verwandten hat dieser Drachen zwei große Vorteile: Er ist leicht zu bauen, und er läßt sich schnell zusammenlegen.
Die Öffnungen im hinteren Teil des Drachens dienen der Stabilisierung beim Flug, da sie dem Wind erlauben, das Drachensegel zu durchdringen. Diese Öffnungen können verschiedene Formen haben (siehe S. 15).
Die Einstellung der Waage ist einfach. Die rechts und links an den Kielen angeknotete Schnur wird mit einem Ring auf gleiche Länge eingestellt.

Die ersten Drachen wurden bereits etwa 400 Jahre v. Chr. gebaut. Dagegen ist der Schlitten ein Jüngling

Wer einen besonders haltbaren Schlittendrachen herstellen möchte, nimmt Tyvek als Segelmaterial. Aber auch Plastikfolie — mit transparentem Klebeband verstärkt — ist gut belastbar. Nehmen Sie nicht zu schwere Folie, da der Sled ein ausgezeichneter Leichtwinddrachen ist.

Baumaterial

* 3 Raminrundhölzer, 72 cm lang, 4 mm Ø
* 1 großes Stück Plastikfolie, 70 x 80 cm (Müllbeutel oder Plastiktüte; auf Gewicht achten!)
* transparentes Klebeband
* Drachenschnur, 3 m lang, 1 mm Ø

Die Größe des Drachens läßt sich durch maßstabsgenaue Veränderungen der Rißzeichnung variieren

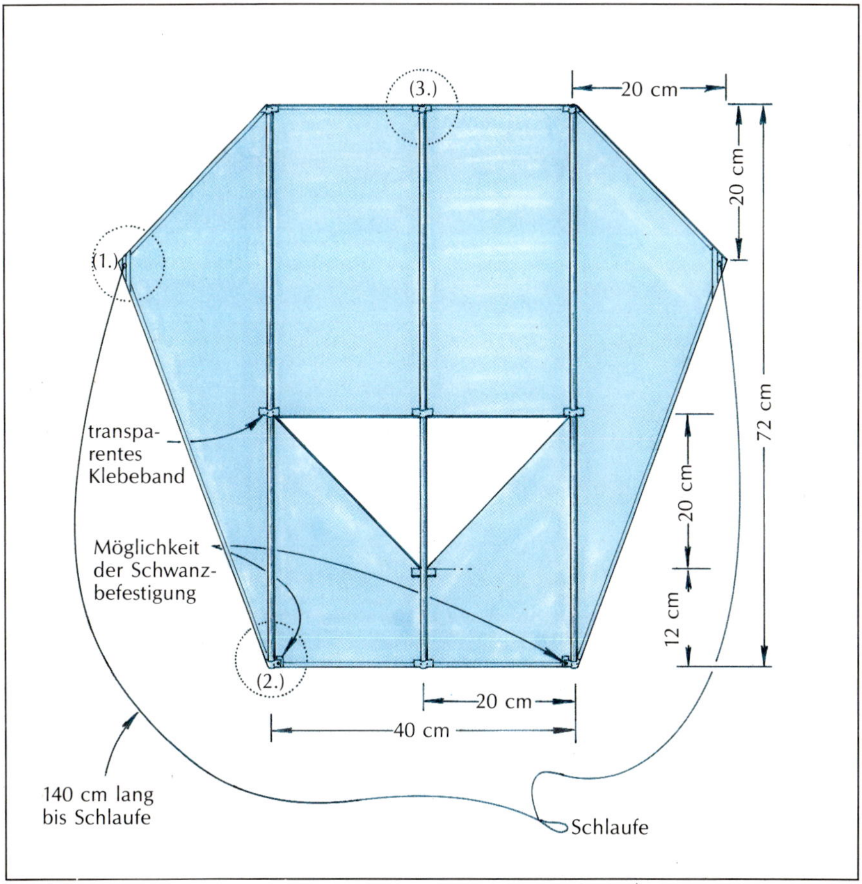

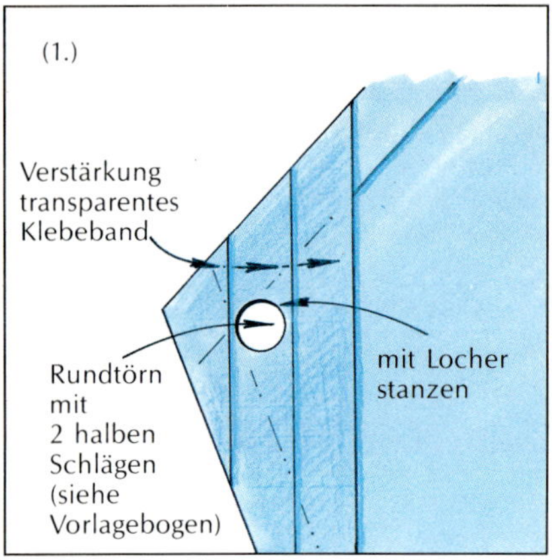

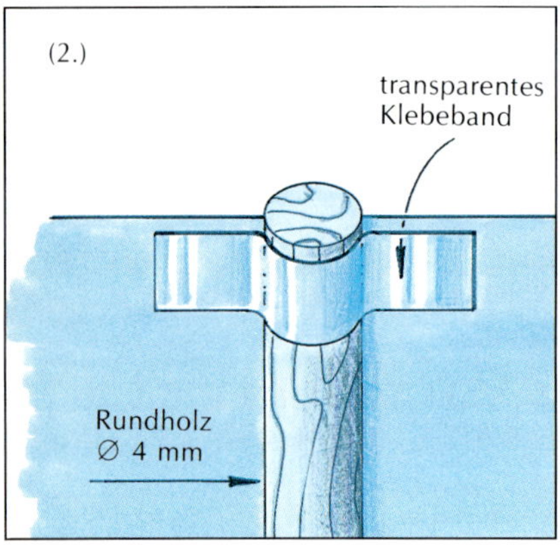

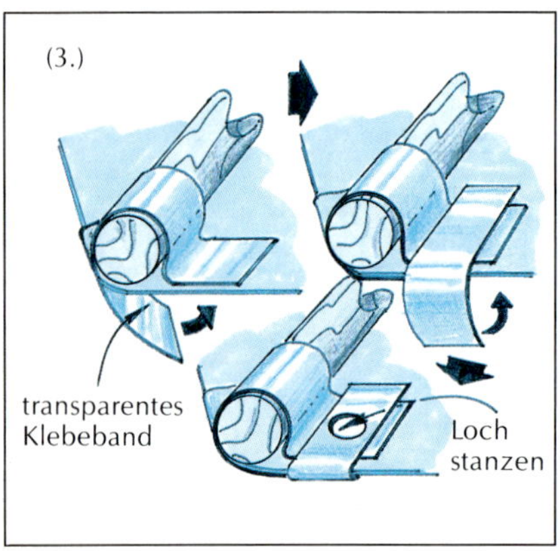

Bauanleitung

Um den Drachen jederzeit reproduzieren zu können, empfehle ich, daß Sie zuerst eine Schablone anfertigen. Entnehmen Sie die Maße der Rißzeichnung und übertragen Sie diese auf ein Stück feste Pappe. Die Pappe wird anschließend auf die Folie gelegt und der Umriß des Schlittendrachens auf die Folie übertragen. Mit einer Schere wird die Folie ausgeschnitten. Ein nützlicher Tip zum Schneiden von Plastikfolie: Öffnen Sie die Schere nur wenig, und beginnen Sie einen Schnitt. Dann drücken Sie die Schere gegen den Kunststoff, der mit einer Hand strammgezogen werden muß. Das Ergebnis ist ein sauberer Schnitt.

Wer möchte, kann das Drachensegel rundherum mit einer Lage transparentem Klebeband verstärken. Auf jeden Fall müssen die Ecken der Kiele mit drei Streifen transparentem Klebeband verstärkt werden (1.).

Schneiden Sie als nächstes den (die) Ausschnitt (Ausschnitte) in das Segel. Das Dreieck und die auf der nächsten Seite angegebenen Öffnungen haben sich bewährt; sie geben dem Drachen eine stabile Fluglage.

Schneiden Sie die Längsholme (senkrechte Stäbe) auf die Länge von 72 cm. Die Stäbe werden mit transparentem Klebeband am Drachensegel befestigt (2.).

Die Befestigungspunkte entnehmen Sie der Rißzeichnung. An den Ecken muß der Klebestreifen um das Segel herum geklebt werden (3.).

Achtung: Die Stäbe liegen auf der Vorderseite des Drachensegels.

Die Löcher an den Kielspitzen werden mit einem Locher in die Verstärkung gestanzt, mit etwa 1 cm Abstand zur Spitze. An diesen Löchern soll jetzt die Waage geknotet werden.

Die Länge der Waageleinen muß sorgfältig bestimmt werden. Sind sie zu kurz, hat der Drachen im Flug das Bestreben, seine Kiele zusammenzuziehen. Ist die Waage zu lang, blähen die Kiele seitlich aus und verlieren damit ihre stabilisierende Wirkung. Generell gilt: Die Länge der Waage sollte der drei- bis vierfachen Breite des Drachens entsprechen.

Bei unserem Schlittendrachen ist die Waage 1,40 m lang. Gehen Sie bei der Anbringung der Waage wie folgt vor: Ein 3 m langes Stück Nylonschnur wird an die Kielspitzen rechts und links des Drachens geknotet. Legen Sie die Kielspitzen genau übereinander und halten Sie diese mit einer Wäscheklammer zusammen. Lassen Sie die beiden Waageleinen von der Kielspitze bis zum Ende der Schnur stramm durch Daumen und Zeigefinger gleiten. Auf diese Weise wird die Schnur genau halbiert. Am Ende knoten Sie eine Schlaufe (siehe Vorlagebogen).

Zum Schluß wird der Drachen bemalt. Der Drachen ist nun fertig für den ersten Flug. Einen Schlittendrachen zu starten, kann allerdings schwierig sein. Der Drachen muß schnell über bodennahe Luftverwirbelungen gebracht werden, da Schlittendrachen bei unruhigen Winden die Tendenz haben, sich zusammenzufalten. In ausreichender Höhe zeigen sie jedoch ein erstaunlich stabiles Flugverhalten. Lassen Sie beim Steigenlassen des Drachens niemals schnell die Schnur abspulen. Dadurch faltet sich der Drachen zusammen und stürzt ab.

Der Schlittendrachen fliegt am besten in großen Höhen mit einem Leinenwinkel von 50°—60°. Der Drachen eignet sich weniger für Drachenspiele, da er beim Zusammenfalten (Abriß der Luftströmung) schnell abstürzt.

Sollte Ihnen der Drachen zu unruhig fliegen, so kleben Sie zwei gleich lange Plastikstreifen links und rechts am Fußteil fest.

Schlittenvarianten

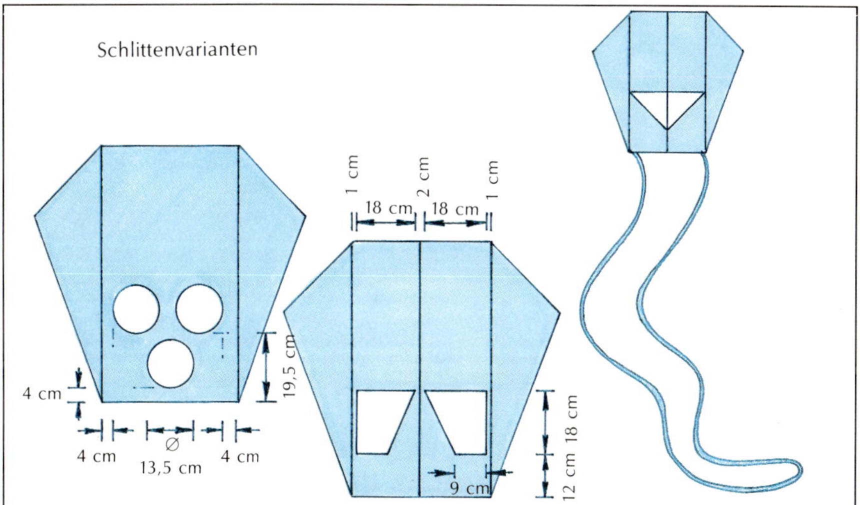

SCHLANGENDRACHEN

Wegen seiner einfachen Bauweise und wegen der vielfältigen Gestaltungsmöglichkeiten ist dieser Drachen gut zum Basteln mit Kindern und Jugendlichen geeignet

Dieser aus Kambodscha stammende Flachdrachen ist die Attraktion auf jeder Drachenwiese. Der Schlangendrachen ist durch seinen langen Schwanz auch bei Windböen kein unruhiger Geselle.
Die verschiedenen Kopfformen (siehe S. 19), die bei diesem Drachen möglich sind, zeigen seine Variationsbreite.
Auf großen Drachenfestivals kann man Schlangendrachen von mehreren hundert Metern Länge fliegen sehen.
Der längste mir bekannte hat eine Länge von über 600 m.

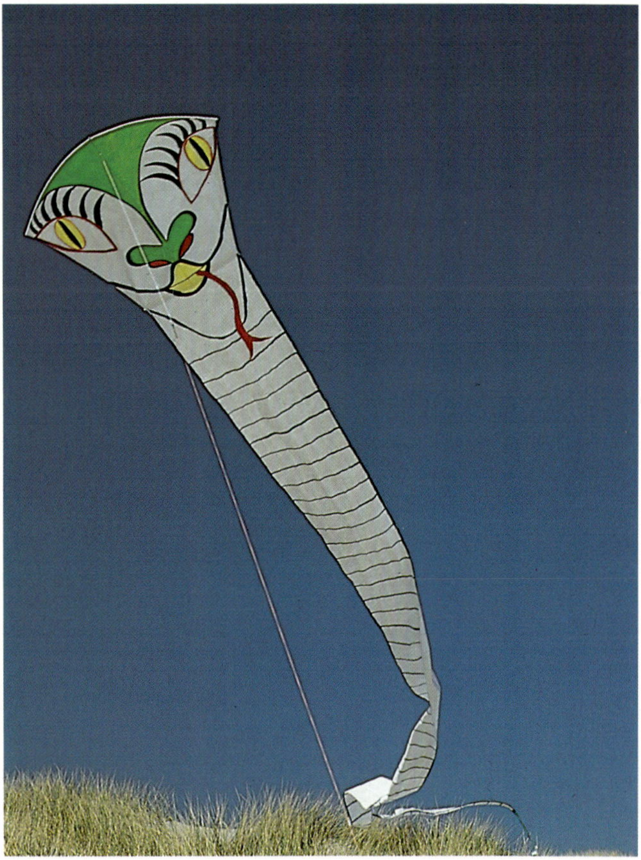

In großen Höhen steht der Schlangendrachen wie ein „Himmelsanker" über seinem Piloten

Kopf und Schwanz des Schlangendrachens sollten ein Verhältnis von etwa 1 : 10 haben.
Wer den Kopfteil des Drachens eher rund gestaltet und den Schwanz in Streifen schneidet, erhält eine Krake. Der gebogene Querstab wird aus gespaltenem Bambus hergestellt. Diese Bambussplittstäbe sind erstaunlich biegsam und weisen eine hohe Bruchfestigkeit auf.

Baumaterial

* 1 Raminrundholz, 80 cm lang, 6 mm Ø
* 1 Raminrundholz, 45 cm lang, 6 mm Ø
* 1 Stück Bambus, 1 m lang, 2 cm Ø
* Tyvek, 5 m²
* Kunststoffschlauch, 7 cm lang, 6 mm Ø
* Nylonschnur, 1 mm Ø
* 1 Schlüsselring, 12 mm Ø

Längere Schwänze sind beim Schlangendrachen erlaubt, aber sie erhöhen sein Gesamtgewicht

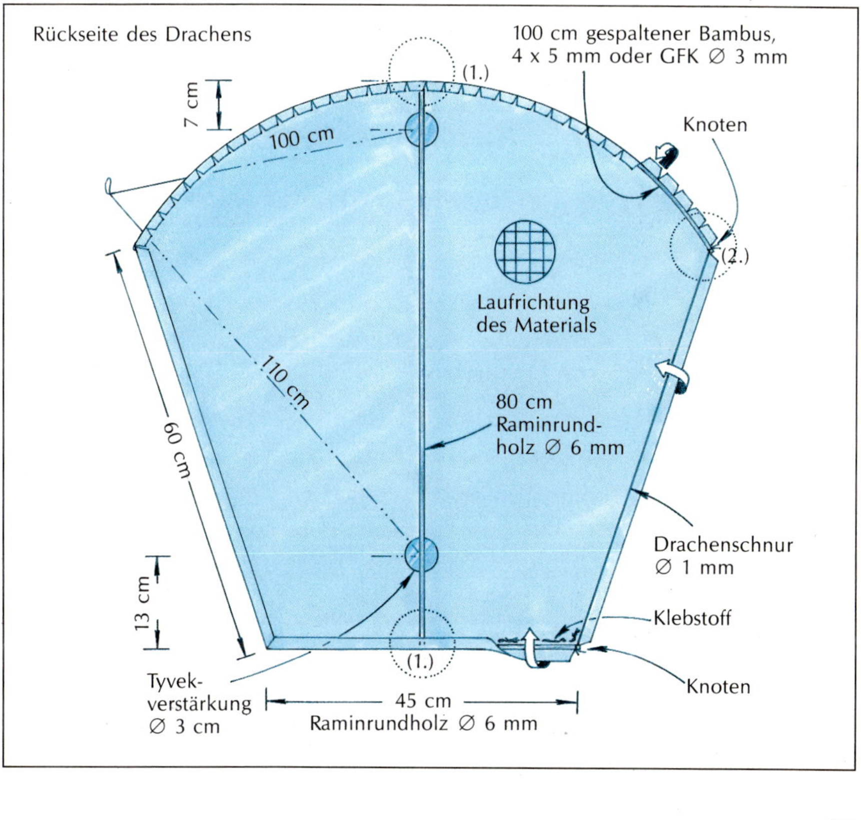

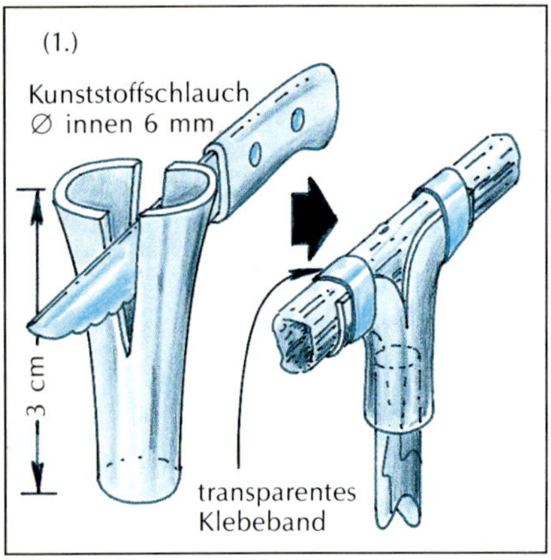

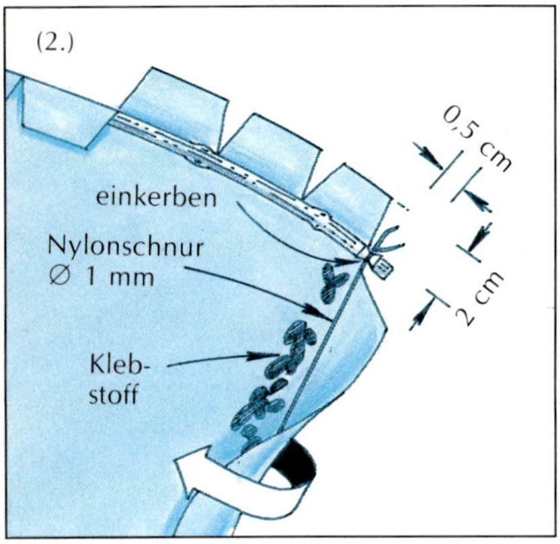

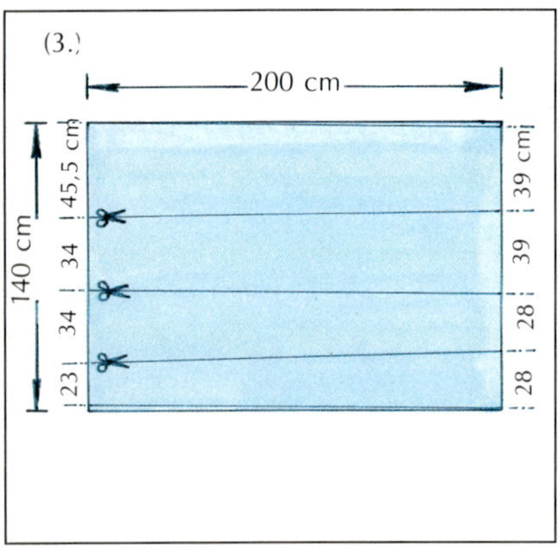

Bauanleitung

Das fertige Gerüst des Schlangenkopfes dient als Schablone für den Segelzuschnitt. Sägen Sie zunächst die beiden Raminrundhölzer auf ihre Länge (80 cm und 45 cm). Der gebogene Querstab (1 m lang) wird wahlweise aus einem 3 mm dicken GFK-Stab (glasfaserverstärkter Kunststoff) oder aus gespaltenem Bambus zugeschnitten. Den GFK-Stab bekommen Sie in Drachenfachgeschäften oder in Modellbauläden. Der etwa 2 cm starke Bambusstab wird mit einem kräftigen Messer kreuzweise gespalten. Um einen möglichst parallelen Schnitt zu erhalten, üben Sie an den Knoten leichten Führungsdruck aus. Den Viertelstab, wenn nötig, noch einmal spalten. Um Splitterverletzungen zu vermeiden, wird der gespaltene Stab sorgfältig mit Schmirgelpapier bearbeitet.

Als nächstes wird der Baumbussplittstab und der 45 cm lange Raminrundstab exakt in der Mitte markiert. Kerben Sie die beiden Stäbe mit einer Feile an ihren Enden etwas ein. Der Längsholm und die beiden Querholme werden jetzt miteinander verbunden. Verbindungselement ist ein 3 cm langes Kunststoffschlauchstück mit 6 mm Innendurchmesser (1.). Die beiden Schlauchteile werden auf Länge geschnitten und 1,5 cm vom Ende her eingeschnitten. Der so eingekerbte Kunststoffschlauch wird aufgebogen und an der markierten Stelle (Mittelpunkt) des Querholms mit transparentem Klebeband befestigt. Der Längsholm verbindet die beiden Schlauchteile. Selbstverständlich können Sie die Gerüststäbe auch mit einer Kreuzwicklung verbinden (siehe Vorlagebogen).

Mit einer 1 mm starken Nylonschnur spannen Sie die Enden des Bambussta-

bes an die Enden des 45 cm langen Querholms.
Die Länge der Spannschnur beträgt 60 cm. Sichern Sie die Knoten mit Klebstoff in den Einkerbungen.
Zum Zuschneiden des Drachensegels legen Sie ein ausreichend großes Stück Tyvek unter das Gerüst. Zur Sicherheit wird das Gerüst beschwert.
Zeichnen Sie mit einem Bleistift den Umriß des Schlangenkopfes (plus 2 cm Saumzugabe) auf das Tyvek. Schneiden Sie mit einer Schere das Segel aus. Im Bereich der Krümmung schneiden Sie kleine Keile in die Saumzugabe. Bestreichen Sie mit einem Kunststoffkleber den Saum und kleben ihn um Gerüst und Schnur (2.).
Nun werden die Punkte der Waagebefestigung auf der Rückseite des Segels markiert und dorthin ein rundes Verstärkungsteil aus Tyvek geklebt.
Der 8 m lange Schwanz wird aus einem rechteckigen Stück Tyvek zugeschnitten. Siehe Schablone (3.).
Kleben Sie die einzelnen Schwanzabschnitte mit 2 cm Überlappung zusammen. Der fertige Schwanz wird mit 3 cm Überlappung auf die hintere Kante des Schlangenkopfes geklebt. Bevor Sie den Drachen mit Acrylfarben bemalen, sollte ein Muster auf einem Stück Papier entworfen werden. Die Umrisse werden danach mit Bleistift auf das Drachensegel übertragen und die Flächen mit Farbe ausgefüllt (siehe Vorlagebogen).
Um die Waage an den Längsholm knoten zu können, durchbohren Sie das Segel an den Verstärkungspunkten mit einer Schere. Knoten Sie eine Schlaufe an entsprechender Stelle in die Waage. Mit einem Schlüsselring von 12 mm Durchmesser läßt sich die Waage variieren (siehe Vorlagebogen).
Der Schlangendrachen kann problemlos aus der Hand gestartet werden. In der Höhe steht er majestätisch ruhig, und sein Schwanz bewegt sich wellenförmig wie eine kriechende Schlange.

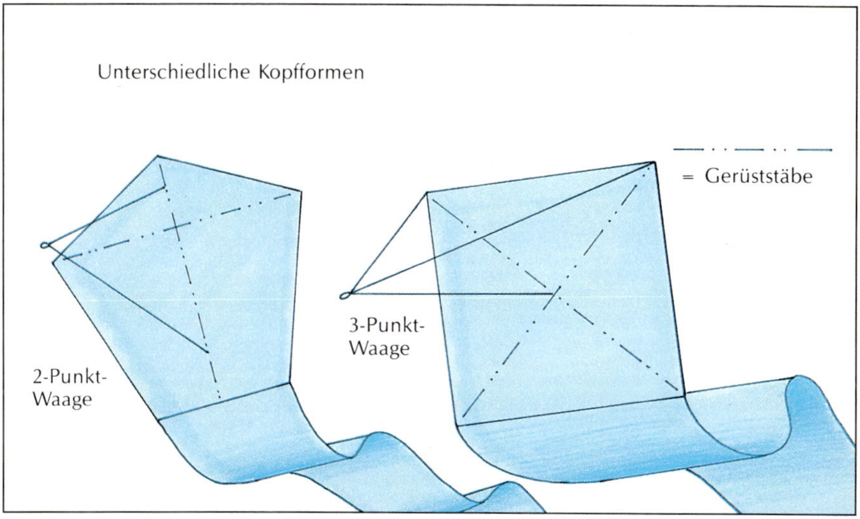

KASTENDRACHEN

Kastendrachen wurden häufig zur Messung meteorologischer Daten in großer Höhe verwendet

Seit gegen Ende des 19. Jahrhunderts dieses Drachenmodell von dem Engländer L. Hargrave erfunden wurde, hat er einen wahren „Höhenflug" angetreten. Kastendrachen benötigen aufgrund ihres zellenförmigen Aufbaus keinen Schwanz.

Der hier vorgestellte Drachen kann in seiner Größe maßstabsgetreu verändert werden. Bevor man sich aber an größere Drachen wagt, sollte man ihn zunächst in Originalgröße erstellen.

Durch seine Schlauchverbindungsteile kann der Drachen einfach zerlegt und dadurch gut transportiert werden.

Durch seine stabilisierenden Seitenflächen fliegt der Drachen auch in bodennahen Böen relativ ruhig

Der beschriebene Kastendrachen ist für mittlere Windgeschwindigkeiten ausgerichtet. Wer den Drachen auch bei stürmischen Winden fliegen möchte, nimmt 8-mm-Rundhölzer. Um eine straffe Spannung der beiden Segel zu bekommen, sollten die Kreuzstäbe etwas länger zugesägt und dann durch Kürzen eingepaßt werden.

Baumaterial

* 4 Rundhölzer, 81 cm lang, 6 mm ∅
* 4 Rundhölzer, 37 cm lang, 6 mm ∅
* 2 Bahnen Tyvek, 27 x 110 cm
* 8 Schlauchstücke, innen 6 mm ∅, 3 cm lang
* Nylonschnur, 1 mm ∅
* transparentes Klebeband
* Pattex transparent, Acrylfarbe, Pinsel

Wichtig für einen einwandfreien Flug des Drachens ist die straffe Spannung der beiden Segel

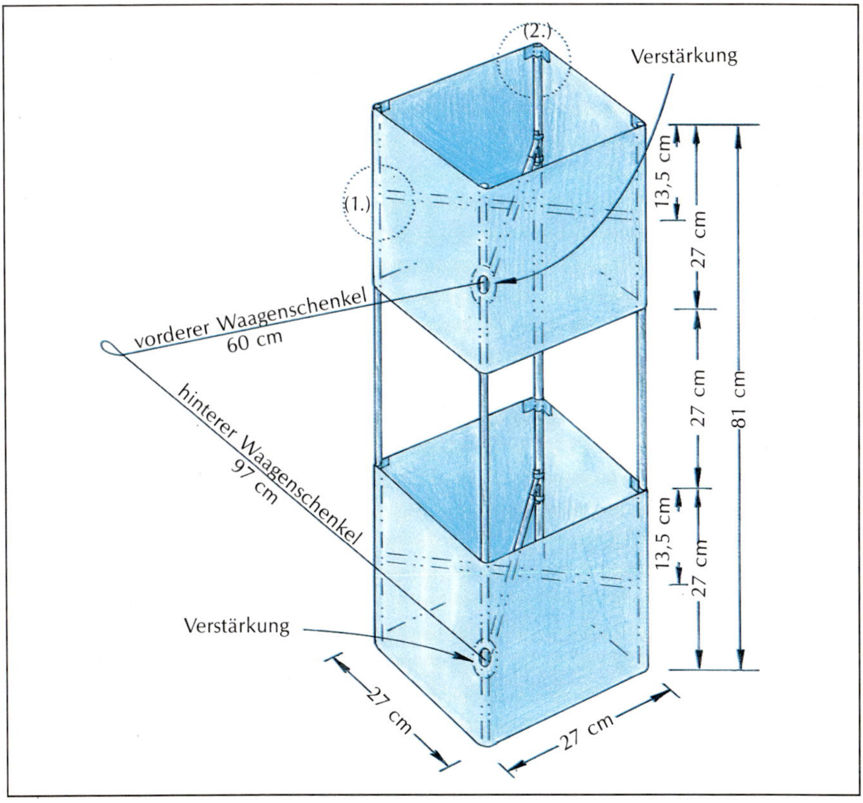

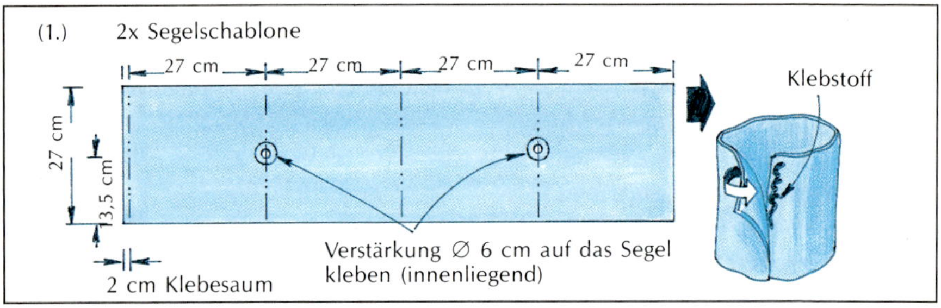

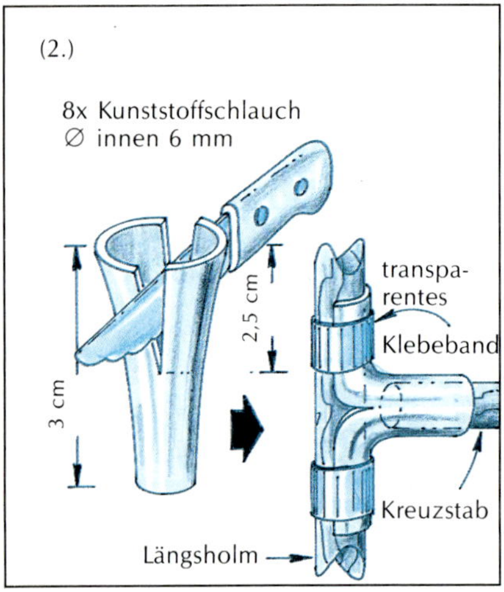

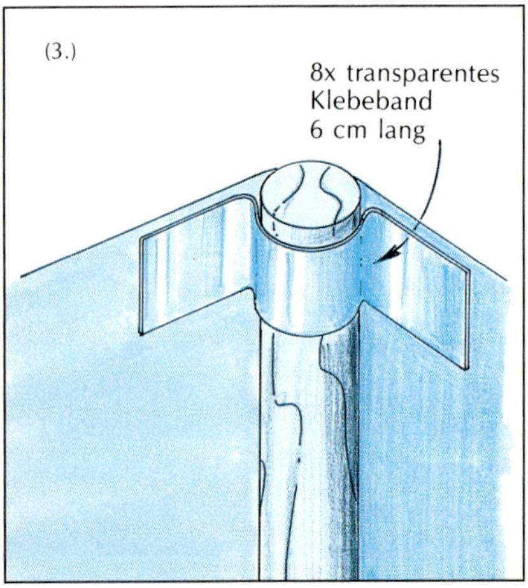

Bauanleitung

Das leichte, aber belastbare Tyvek eignet sich hervorragend zum Bespannen des Kastendrachens. Zeichnen Sie mit einem Bleistift die Umrisse der beiden Segel auf das Tuch. Um eine saubere Schnittkante zu erhalten, sollte zum Ausschneiden eine scharfe Schere verwendet werden. Zeichnen Sie die in der Schablone angegebenen drei Markierungen (gestrichelte Linie) auf die beiden Segel (1.).

Kleben Sie jetzt Anfang und Ende der einzelnen Segel zu einem Ring zusammen (2 cm Überlappung). Aus Tyvek werden dann vier runde Verstärkungsteile mit einem Durchmesser von 6 cm zugeschnitten und auf die in der Schablone eingezeichneten Punkte geklebt (zwei pro Segel). Achten Sie darauf, daß die Verstärkungen auf die Innenflächen der Segel geklebt werden. Schneiden Sie ein 2 cm großes Loch in die Mitte der Verstärkungen. Durch diese Löcher werden später die Waageleinen geführt.

Das Gerüst besteht aus vier Längsholmen mit 6 mm Durchmesser. Sägen Sie die Rundhölzer auf eine Länge von 81 cm. Als nächstes werden die Verbindungselemente aus Kunststoffschlauch hergestellt (mit durchsichtigem PVC-Schlauch). Mit einem Messer schneiden Sie acht Schlauchabschnitte mit ei-

ner Länge von 3 cm zu (feste Unterlage verwenden).
Die acht Schlauchabschnitte müssen bis zur Hälfte mit einem Messer oder einer Schere gespalten werden. Befestigen Sie an jedem Längsholm zwei Schlauchteile im Abstand von 13,5 cm vom Ende des Holmes entfernt. Die abgewinkelten Enden des Schlauchstückes werden mit transparentem Klebeband am Holm befestigt (2.).
Als nächstes befestigen Sie diese vier Längsholme an den Segeln. Dazu stecken Sie die Holme durch die ringartig zusammengeklebten Segelteile und kleben sie mit einem 6 cm langen Klebestreifen genau an den markierten Stellen fest. Ein Längsholm liegt auf dem Klebesaum. Die acht Klebestreifen müssen an den Segelkanten sitzen (3.).
Zum Spannen des Segels werden vier Rundstäbe von 6 mm Durchmesser benötigt. Sägen Sie die Stäbe auf eine Länge von 37 cm zu (4.).
Das Einsetzen der Kreuzstäbe muß sorgfältig geschehen, denn die beiden Segel sollen stramm gespannt sein. Achtung: Sollten durch Toleranzen beim Zuschnitt und Kleben der Segel die Kreuzstäbe nicht in das Segel passen, müssen sie gekürzt werden. Dabei ist es wichtig, daß die Stäbe immer paarweise (die in einer Ebene liegenden) gekürzt werden.
Segel und Gerüst des Kastendrachens sind jetzt fertig. Als nächstes wird der Drachen bemalt. Wählen Sie leuchtende Farben, denn in 50 m Höhe sind diese besser zu erkennen (siehe S. 11).
Als letztes wird die Waage angebracht. Die etwa 1,80 m lange Nylonschnur wird mit ihren Enden durch die Ausschnitte des Segels geführt und an den Längsholm geknotet. In entsprechendem Abstand (vorderer Waagenschenkel 60 cm, hinterer Waagenschenkel 97 cm) wird eine Schlaufe geknotet. Wer die Waage später noch verstellen möchte, sollte einen Schlüsselring verwenden (siehe Vorlagebogen). Auch eine 4-Punkt-Waage ist möglich (5.).
Der Kastendrachen fliegt bei mäßigen bis frischen Winden. Um den Drachen auch bei starkem Wind zu fliegen, muß ein stärkeres Gerüst eingesetzt werden. Aufgrund seiner stabilen Fluglage eignet er sich hervorragend zum Tragen von kleinen Lasten. Kastendrachen mit einer Höhe von 2 m werden zum Tragen von Kamerasystemen genommen, um Landschaften aus großen Höhen aufzunehmen.

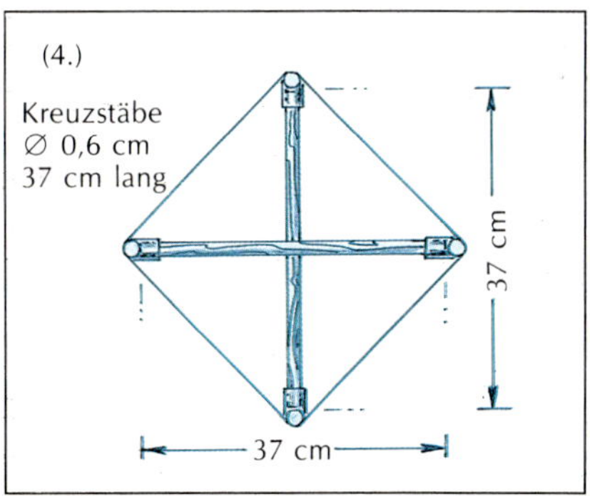

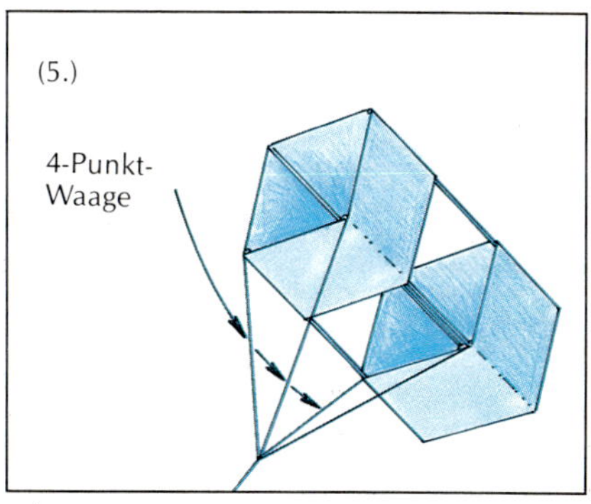

LENKDRACHEN

Kreise, Achten, Kleeblätter und Sturzflüge mit dem Lenkdrachen werden von Kinder ebenso beherrscht wie von Erwachsenen

Lenkdrachenfliegen ist nicht nur ein Sport für Profis und Könner. Schon Mädchen und Jungen ab acht Jahren fliegen die flinken Drachen.

Die Regeln des Lenkdrachenfluges sind denkbar einfach: Der Lenkdrachen hat eine doppelte Waage und somit auch zwei Leinen und Griffe. Soll der Drachen nach rechts fliegen, wird an der rechten Leine gezogen. Das Ziehen an der linken Leine bewirkt dagegen einen Linksflug.

Sind die Leinen mehrfach verdreht, kann man sie durch Gegenlenken wieder entdrehen.

Zum Starten des Drachens werden die beiden Steuerleinen **gleich lang** (etwa 40 m) ausgelegt. Ein Helfer hält den Drachen hoch und durch **gleichmäßiges** Ziehen der beiden Steuerleinen fliegt der Drachen senkrecht nach oben.

Bevor mit dem Lenkdrachen Kreise oder ähnliche Manöver geflogen werden, sollte zuerst der Flug von rechts nach links geübt werden

Zum Lenkdrachenfliegen sollten unbedingt Nylonschnüre verwendet werden, da diese besser aufeinander gleiten. Eine Lenkdrachenhaspel ist auf S. 6 (Drachenzubehör) abgebildet.

Baumaterial

* 2 Bambussplittstäbe, 90 und 95 cm lang, 5 x 5 mm (oder glasfaserverstärkter Kunststoff, GFK, 4 mm ∅, in Drachenläden erhältlich)
* Tyvek oder feste Plastikfolie
* 1 m Nylonschnur, 1 mm ∅
* 1 Plastikschlauchschwanz, etwa 15 m lang, in Drachenläden erhältlich (oder 1 Plastikstreifen, 6 cm breit)

Der lange Schwanz bei diesem Modell zeichnet die geflogenen Figuren exakt nach

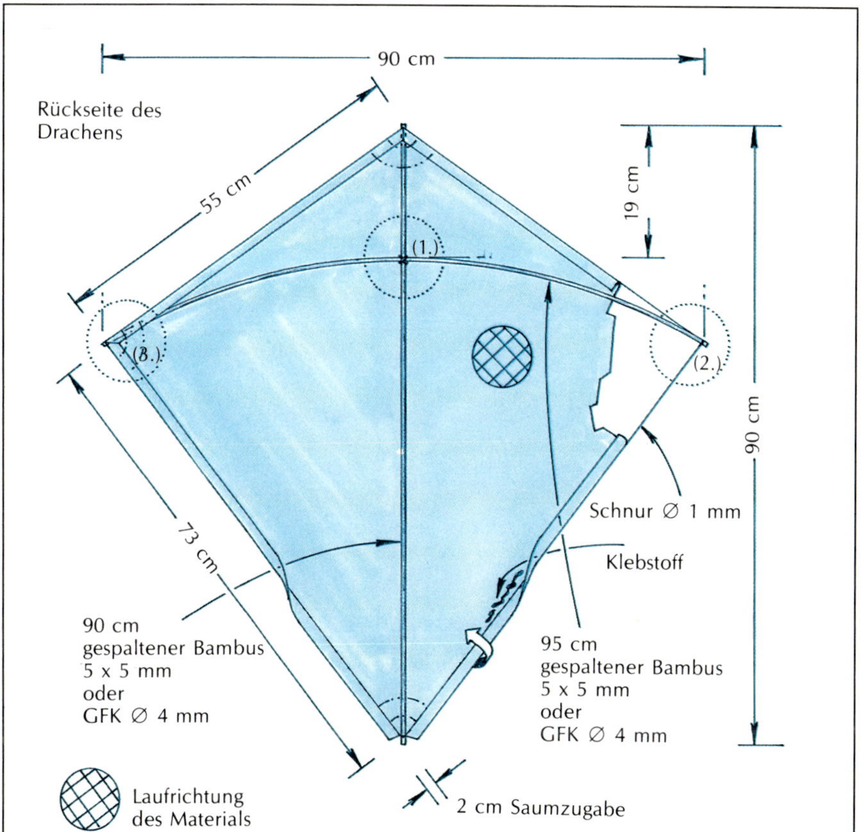

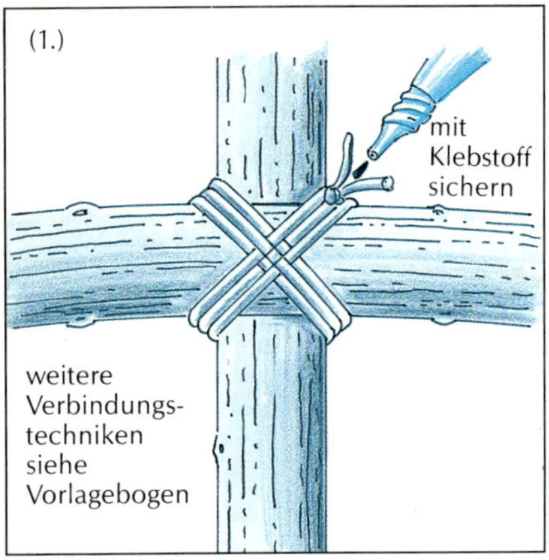

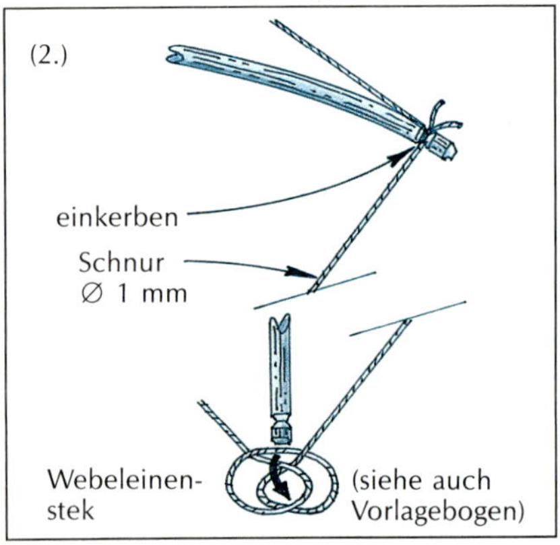

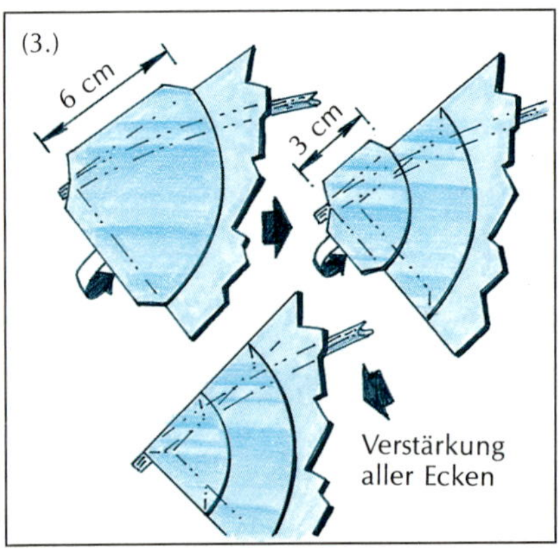

Bauanleitung

Das Gerüst unseres Lenkdrachens kann aus Bambus oder GFK (glasfaserverstärkter Kunststoff) hergestellt werden. Gewinnen Sie durch Spalten von Bambusrundstäben zwei Splittstäbe (siehe auch S. 18). Markieren Sie den Kreuzpunkt der beiden Stäbe: den Längsholm 19 cm von oben, den Querholm genau in der Mitte. Mit einer Kreuzabbindung werden die beiden Stäbe verbunden (1.). Kerben Sie beide Stäbe etwa 3 mm von ihren Enden etwa 1 mm tief ein. Als nächstes wird das Gerüst mit einer Nylonschnur umspannt. Schneiden Sie eine Schnur von 3,5 m Länge zu. Knoten Sie die Schnur an die rechte Seite des Querholms (2.). Von dort aus spannen Sie die Schnur zum Fußteil und knoten sie dort an den Längsholm. Die Schnur soll 73 cm lang sein. Vom Fußteil spannen Sie die Schnur zur linken Seite des Querholms und knoten sie dort fest. (Länge der Schnur wieder 73 cm.) Wenn Sie die linke und rechte Schnur gleich lang gemacht haben, hat das Gerüst jetzt eine Breite von 90 cm (mit einem Zollstock kontrollieren).

Von der linken Seite spannen Sie die Schnur jetzt über die Spitze zur rechten Seite. Ein Tip zum Befestigen der Schnur in den Kerben: Verwenden Sie einen alten Seemannsknoten, den Webeleinenstek. Wie er geknotet wird, sehen Sie auf dem Vorlagebogen. Zum Zuschneiden des Drachensegels müssen Sie das Bespannmaterial (Tyvek oder eine feste Plastikfolie) unter das Gerüst legen. Achtung: Der Querholm liegt unter dem Längsholm. Beschweren Sie das Gerüst und schneiden Sie das Segel mit etwa 2 cm Saumzugabe aus. Das Gerüst dient dabei als Schablone.

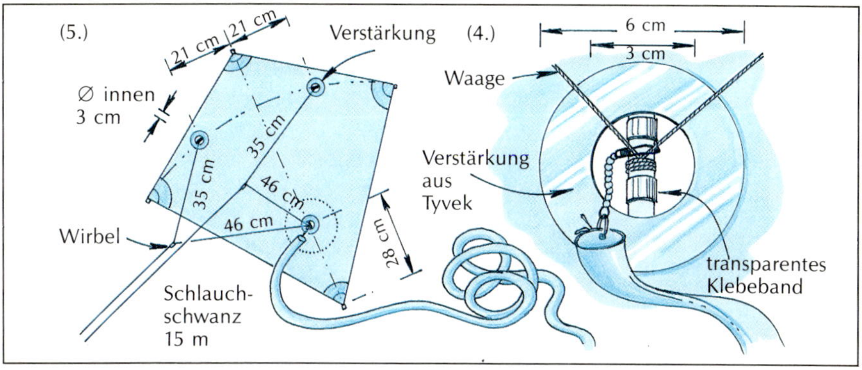

Tyvek oder Plastikfolie muß mit Pattex transparent verklebt werden. Zwei Tips zum Kleben der Säume:

1. Denken Sie daran, daß einige Kleber kurz anziehen müssen, bevor die Flächen aufeinandergedrückt werden.
2. Verkleben Sie den Saum erst in seiner Mitte, und arbeiten Sie dann zu seinen Enden hin. Dadurch vermeiden Sie Falten.

Da Lenkdrachen sehr beansprucht werden, sollten Sie die Ecken verstärken. Kleben Sie doppelte Verstärkungsteile von vorne auf die Eckpunkte (3.). Die Stellen, an denen die Waage durch das Segel geführt wird, verstärken Sie ebenfalls. Schneiden Sie drei runde Tyvekteile von 6 cm Durchmesser zu, und kleben Sie diese auf die in der Grafik (4.) angegebenen Punkte. Mit einer Schere werden 3 cm große Öffnungen in die Verstärkungen geschnitten (5.).

Befestigung der Waage (Maße siehe (5.)):

1. Schneiden Sie eine 2 m lange Nylonschnur (1 mm Ø) zu.
2. Knoten Sie die Schnur in ihrer Mitte (1 m) mit einem Doppelknoten an den Längsholm (4.).
3. Knoten Sie im Abstand von 46 cm eine Schlaufe in die beiden Schnurenden. (Besser ist ein 12 mm-Schlüsselring, mit ihm kann später die Waage schnell verändert werden.)
4. Im Abstand von 35 cm werden die beiden Schnurenden rechts und links an den Querholm geknotet.
5. Damit die Knoten sich nicht lösen, werden sie mit Pattex transparent gesichert.
6. Umwickeln Sie die Holme rechts und links von den Knoten mit kleinen Klebebandstreifen. Dadurch können die Knoten nicht verrutschen.

Mit Pinsel und Acrylfarbe kann der Drachen jetzt bemalt werden. Geben Sie ihm ein rasantes Aussehen (siehe Vorlagebogen)!

Zum Schluß wird der Schlauchschwanz befestigt. Knoten Sie ihn niemals direkt an den Drachen, sondern benutzen Sie einen Wirbel (4.), er verhindert das Aufdrehen des Schwanzes. Haken Sie den Karabiner des Wirbels in die beiden hinteren Waageschnüre. Anstelle des Schlauchschwanzes kann auch ein langer Plastikstreifen genommen werden, der aus mehreren Einzelstücken zusammengeklebt wurde.

DRACHENSCHWÄNZE

Rechts und links können bunte Papierquasten den Drachen verzieren und gleichzeitig seinen Flug stabilisieren

Einige Drachenmodelle, wie zum Beispiel der Schlangendrache, benötigen für einen stabilen Flug einen Schwanz. Allerdings trägt nicht das Gewicht des Schwanzes, sondern dessen Zug am Drachenfuß zur stabilen Fluglage des Drachens bei. Ein effektiv wirkender Drachenschwanz sollte einen großen Windwiderstand und außerdem noch ungefähr die siebenfache Länge des Drachenkörpers haben.

Der Drachenschwanz kann auch in die Gestaltung des Drachens einbezogen werden, wie es beim Schlangendrachen der Fall ist (siehe S. 16).

Auch der herkömmliche Schleifenschwanz hat noch nicht ausgedient. Allerdings muß man beim Transport des Drachens sehr aufpassen, daß sich der Schleifenschwanz nicht verheddert.

Für einen Fransenschwanz schneiden Sie einen etwa 15 cm breiten Materialstreifen an beiden Seiten 6 cm tief ein.

Binden Sie einen Schwanz nie direkt an den Drachen. Ein Wirbel muß die Drehungen des Schwanzes auffangen. Mit einem Karabiner kann man den Schwanz je nach Bedarf vom Drachen lösen oder ihn befestigen.

Da der Schwanz ein Teil des Drachens ist, sollte er in die Gesamtgestaltung einbezogen werden. Kastendrachen benötigen keinen Schwanz, da bei ihnen die längs zum Wind stehenden Flächen für Stabilität sorgen

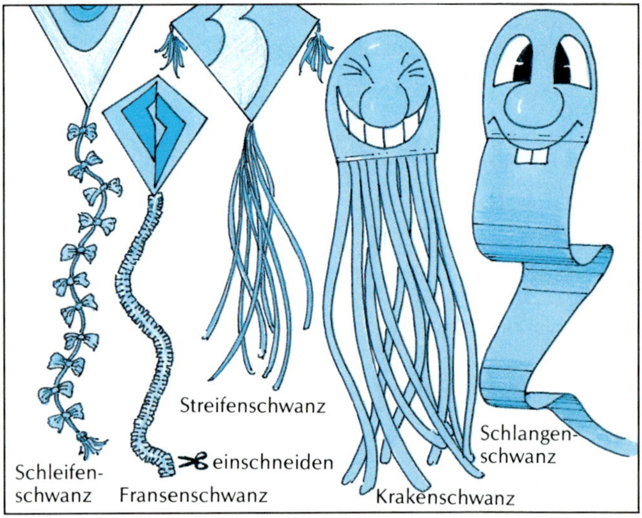

HASPELN

Drachenhaspeln oder Spulen sind ein wichtiges Hilfsmittel zum erfolgreichen Start eines Drachens.
Die einfache Stabhaspel wird aus einem 2 cm starken Rundholz zugeschnitten. Der Stab verjüngt sich zum Ende hin. Außerdem sind die Enden abgerundet. Die Drachenleine wird in Form einer Acht auf den Stab gewickelt.
Die H-Haspel kann auf zwei verschiedene Arten hergestellt werden:
1. Sägen Sie aus einem etwa 1 cm starken Stück Sperrholz zwei Rechteckscheiben, 4 x 18 cm, zu. Jede Holzscheibe erhält in der angegebenen Position je zwei 2 cm starke Bohrungen. Verbunden werden die Scheiben mit zwei Rundhölzern von 2 cm Durchmesser. Die Rundhölzer werden mit Kaltleim in den Bohrungen verleimt.
2. Die H-Haspel aus einem Stück ist für größere Drachen gedacht. Ihr Kern wird aus einem etwa 1,5 cm starkem Sperrholzstück zugeschnitten. Zwei 20 cm lange Rundhölzer mit einem Durchmesser von 2 cm flacht man von der Hälfte an ab und verleimt sie mit dem Kern an der auf der Zeichnung angegebenen Position. Zwei Holzschrauben halten zusätzlich die Griffe.

Um Verletzungen zu vermeiden, werden alle Ecken der zugeschnittenen Sperrholzstücke mit einer Feile abgerundet

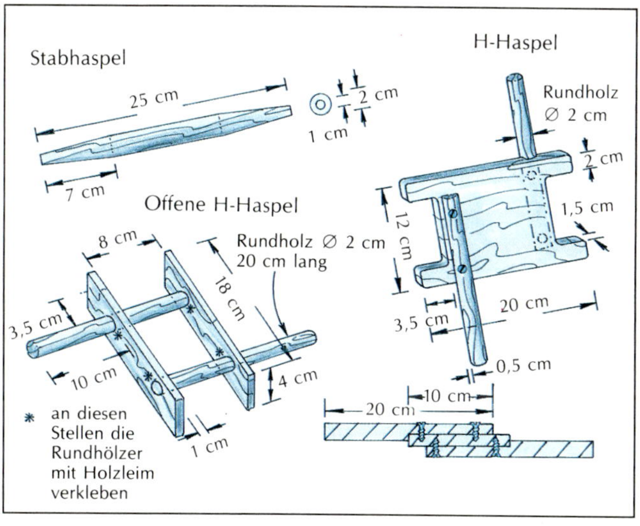

Beim Bau einer Haspel ist der Durchmesser des Kerns zu beachten: Ein kleiner Kern benötigt einen geringen Kraftaufwand, aber eine hohe Zahl von Umdrehungen. Bei einem großen Kern ist es umgekehrt

DRACHEN STEIGEN LASSEN

Wenn der Drachen trotz aller Bemühungen nicht fliegen will, sollte sein Gleichgewicht überprüft werden

Beim Start eines Drachens sollten einige Punkte beachtet werden. So sollten Sie feuchtes Wetter meiden, denn durch die Feuchtigkeit wird der Drachen schwer, oder das Segel löst sich auf. Die richtige Windstärke zum Steigenlassen von Drachen liegt zwischen 4 und 7 m/Sek. (Windstärke 2,5—4,5).

Bei wenig Wind starten Sie den Drachen mit einem **Hochstart**: Dabei werden etwa 30 m Leine vom Ende her gegen den Wind ausgelegt. Befestigen Sie dann den Drachen an der Leine und lassen Sie ihn von einem Helfer gegen den Wind halten. (Sie können den Drachen auch an einen Gegenstand lehnen, wenn Sie keinen Helfer haben.) Durch kurzes Anziehen der Leine oder durch einige schnelle Schritte gegen den Wind steigt der Drachen in die Höhe. Bei ausreichendem Wind wird der Drachen aus der Hand freigegeben.

Will der Drachen nicht steigen, so ist er zu schwer, oder der vordere Waageschenkel ist zu lang. Abhilfe: Schwanz oder Gerüst leichter machen oder den Waageschenkel verkürzen.

Steigt der Drachen zwar, zieht aber nach rechts oder links weg, so muß ebenfalls der vordere Waageschenkel verkürzt werden.

Der Drachen steigt, kreist am Himmel und stürzt ab. Abhilfe: Schwanz anbringen oder Schwanz verlängern oder den vorderen Waageschenkel verlängern.

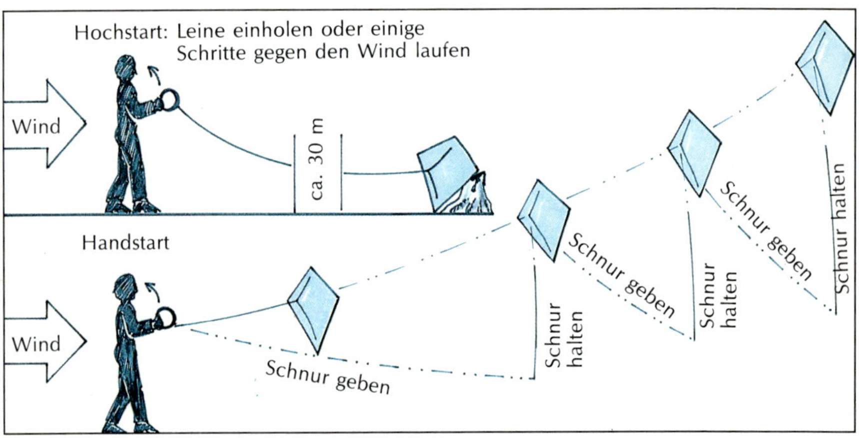

DRACHENSPIELE

Drachenspiele sind bei jung und alt beliebt. Deshalb möchten wir es nicht versäumen, zum Schluß einige Spielmöglichkeiten aufzuzeigen.

Schnellster Drachenstart: Mehrere Drachenpiloten starten ihre Drachen gleichzeitig, am besten mit einem Handstart. Nach einer bestimmten Zeit, etwa zwei Minuten, stoppen alle das Geben der Leine. Sieger ist derjenige, der in der vorgegenen Zeit am meisten Leine ausgegeben hat, ohne daß der Drachen den Boden berühren durfte.

Welcher Drachen fliegt am höchsten? Bei diesem Spiel hat jeder der Teilnehmer nur eine vorgeschriebene Menge an Leine zur Verfügung. Wenn alle Drachen am Himmel stehen, wird von einem Schiedsrichter geprüft, welcher Drachen am steilsten über seinem Piloten steht.

Drachenkampf: Zwei Drachenpiloten versuchen den Drachen des Gegners so mit dem eigenen zu berühren, daß der gegnerische Drachen zur Seite wegkippt und abstürzt. Verloren hat der Pilot, dessen Drachen als erster den Boden berührt.

Verboten ist das Steigenlassen von Drachen in der Nähe von Hochspannungsleitungen und Flugplätzen

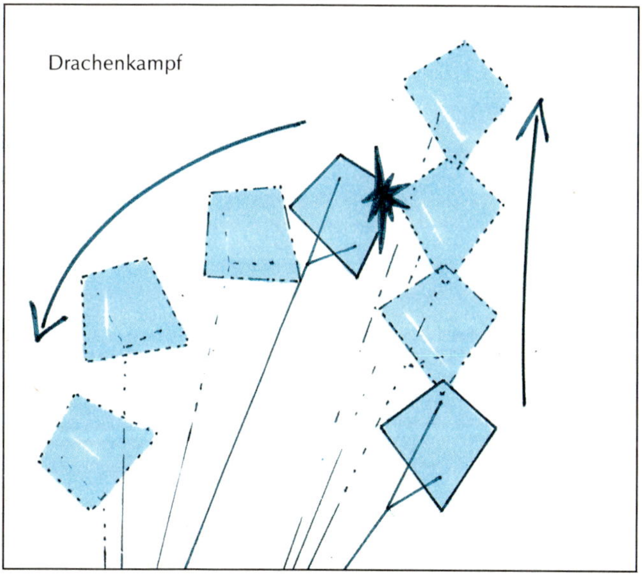

Fragen Sie Ihren Buchhändler nach weiteren Büchern dieser Standardreihe!

ISBN 3 8068 5156 5

Titelbild und Fotos: Wolfgang Schimmelpfennig, Hamburg
Abb. S. 5 unter Verwendung von drei Produktfotos von Michael Zorn, Wiesbaden
Zeichnungen: Bernhard Maas, Hagenau
Vorlagebogen: Ulrike Hoffmann, Bodenheim, Bernhard Maas, Hagenau
Layout: Design Christiane Rauert, Dortmund

Satz: Dinges & Frick GmbH, 6200 Wiesbaden
Druck: U. E. Sebald GmbH, Nürnberg

817 2635 44